Scheiße-Tagebuch

MEIN TÄGLICHER BEGLEITER

Scheiße-Tagebuch

MEIN TÄGLICHER BEGLEITER

Bibliografische Information der Deutschen Nationalbibliothek:
Die Deutsche Nationalbibliothek verzeichnet diese Publikation in der Deutschen
Nationalbibliografie; detaillierte bibliografische Daten sind im Internet über
http://dnb.dnb.de abrufbar.

(c) 2019 Ulli Kot
Herstellung und Verlag:
BoD – Books on Demand, Norderstedt

ISBN: 978-3-7494-6712-9

Tag: _____ **Uhrzeit:** _____
Letzte Mahlzeiten: _____
Härtegrad: 💩 💩 💩 💩 💩 💩 💩 💩 💩 💩

Tag:_____ **Uhrzeit:**_____

Letzte Mahlzeiten:_____

Härtegrad: 💩 💩 💩 💩 💩 💩 💩 💩 💩 💩

Tag:_____ **Uhrzeit:**_____
Letzte Mahlzeiten:_____
Härtegrad: 💩💩💩💩💩💩💩💩💩💩

Tag:_____ **Uhrzeit:**_____
Letzte Mahlzeiten:_____
Härtegrad: 💩💩💩💩💩💩💩💩💩💩

Tag: _____ **Uhrzeit:** _____
Letzte Mahlzeiten: _____
Härtegrad: 💩💩💩💩💩💩💩💩💩💩

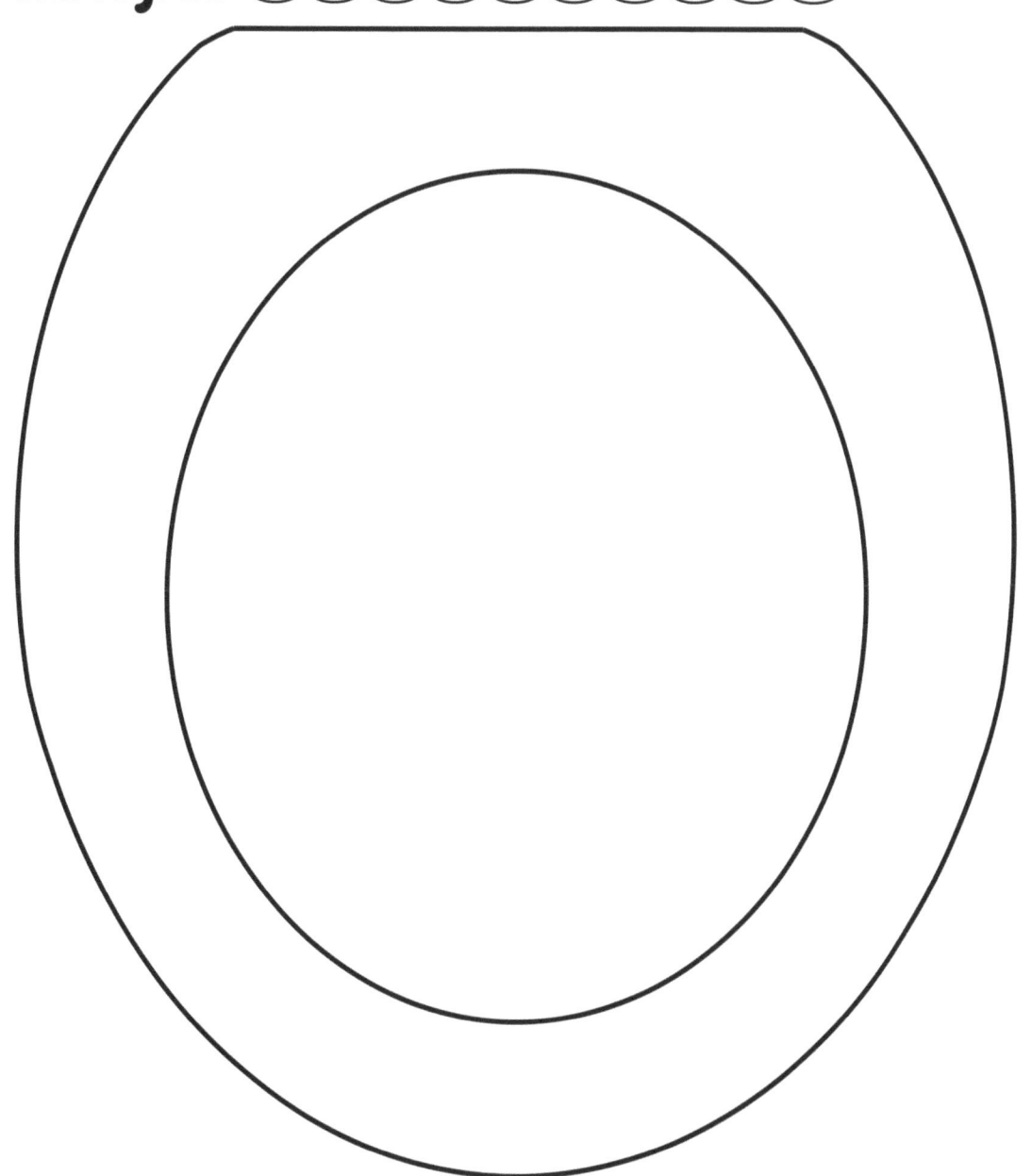

Tag:_____ **Uhrzeit:**_____

Letzte Mahlzeiten:_____

Härtegrad: 💩💩💩💩💩💩💩💩💩💩

Tag: _____ **Uhrzeit:** _____
Letzte Mahlzeiten: _____
Härtegrad: 💩💩💩💩💩💩💩💩💩💩

Tag:_____ **Uhrzeit:**_____
Letzte Mahlzeiten:_____
Härtegrad: 💩💩💩💩💩💩💩💩💩💩

Tag:_____ Uhrzeit:_____
Letzte Mahlzeiten:_____
Härtegrad: 💩💩💩💩💩💩💩💩💩💩

Tag:_____ Uhrzeit:_____
Letzte Mahlzeiten:_____
Härtegrad: 💩💩💩💩💩💩💩💩💩💩

Tag: _____ **Uhrzeit:** _____
Letzte Mahlzeiten: _____
Härtegrad: 💩💩💩💩💩💩💩💩💩💩

Tag:_____ **Uhrzeit:**_____
Letzte Mahlzeiten:_____
Härtegrad: 💩💩💩💩💩💩💩💩💩💩

Tag: _____ **Uhrzeit:** _____
Letzte Mahlzeiten: _____
Härtegrad: 💩💩💩💩💩💩💩💩💩💩

Tag:_____ **Uhrzeit:**_____
Letzte Mahlzeiten:_____
Härtegrad: 💩💩💩💩💩💩💩💩💩💩

Tag: _____ **Uhrzeit:** _____
Letzte Mahlzeiten: _____
Härtegrad: 💩💩💩💩💩💩💩💩💩💩

Tag:_____ **Uhrzeit:**_____
Letzte Mahlzeiten:_____
Härtegrad: 💩💩💩💩💩💩💩💩💩💩

Tag: _____ **Uhrzeit:** _____
Letzte Mahlzeiten: _____
Härtegrad: 💩💩💩💩💩💩💩💩💩💩

Tag:_____ **Uhrzeit:**_____
Letzte Mahlzeiten:_____
Härtegrad: 💩 💩 💩 💩 💩 💩 💩 💩 💩 💩

Tag:_____ **Uhrzeit:**_____
Letzte Mahlzeiten:_____
Härtegrad:

Tag:_____ **Uhrzeit:**_____
Letzte Mahlzeiten:_____
Härtegrad: 💩💩💩💩💩💩💩💩💩💩

Tag:_____ Uhrzeit:_____
Letzte Mahlzeiten:_____
Härtegrad: 💩💩💩💩💩💩💩💩💩💩

Tag:_____ **Uhrzeit:**_____

Letzte Mahlzeiten:_____

Härtegrad: 💩💩💩💩💩💩💩💩💩💩

Tag: _____ **Uhrzeit:** _____

Letzte Mahlzeiten: _____

Härtegrad: 💩 💩 💩 💩 💩 💩 💩 💩 💩 💩

Tag:_____ **Uhrzeit:**_____

Letzte Mahlzeiten:_____

Härtegrad: 💩 💩 💩 💩 💩 💩 💩 💩 💩 💩

Tag:_____ **Uhrzeit:**_____
Letzte Mahlzeiten:_____
Härtegrad: 💩💩💩💩💩💩💩💩💩💩

Tag:_____ **Uhrzeit:**_____
Letzte Mahlzeiten:_____
Härtegrad: 💩💩💩💩💩💩💩💩💩💩

Tag: _____ **Uhrzeit:** _____
Letzte Mahlzeiten: _____
Härtegrad: 💩💩💩💩💩💩💩💩💩💩

Tag:_____ **Uhrzeit:**_____
Letzte Mahlzeiten:_____
Härtegrad: 💩💩💩💩💩💩💩💩💩💩

Tag:_____ **Uhrzeit:**_____
Letzte Mahlzeiten:_____
Härtegrad: 💩 💩 💩 💩 💩 💩 💩 💩 💩 💩

Tag:_____ **Uhrzeit:**_____

Letzte Mahlzeiten:_____

Härtegrad: 💩💩💩💩💩💩💩💩💩💩

Tag: _____ **Uhrzeit:** _____
Letzte Mahlzeiten: _____
Härtegrad: 💩💩💩💩💩💩💩💩💩

Tag:_____ **Uhrzeit:**_____
Letzte Mahlzeiten:_____
Härtegrad: 💩💩💩💩💩💩💩💩💩💩

Tag:_____ **Uhrzeit:**_____
Letzte Mahlzeiten:_____
Härtegrad: 💩💩💩💩💩💩💩💩💩💩

Tag:_____ **Uhrzeit:**_____
Letzte Mahlzeiten:_____
Härtegrad: 💩💩💩💩💩💩💩💩💩💩

Tag:_____ Uhrzeit:_____
Letzte Mahlzeiten:_____
Härtegrad: 💩💩💩💩💩💩💩💩💩💩

Tag:_____ **Uhrzeit:**_____
Letzte Mahlzeiten:_____
Härtegrad: 💩💩💩💩💩💩💩💩💩💩

Tag:_____ Uhrzeit:_____
Letzte Mahlzeiten:_____
Härtegrad: 💩💩💩💩💩💩💩💩💩💩

Tag:_____ **Uhrzeit:**_____
Letzte Mahlzeiten:_____
Härtegrad: 💩💩💩💩💩💩💩💩💩💩

Tag: _____ **Uhrzeit:** _____
Letzte Mahlzeiten: _____
Härtegrad: 💩💩💩💩💩💩💩💩💩💩

Tag: _____ **Uhrzeit:** _____
Letzte Mahlzeiten: _____
Härtegrad: 💩 💩 💩 💩 💩 💩 💩 💩 💩 💩

Tag: _____ **Uhrzeit:** _____
Letzte Mahlzeiten: _____
Härtegrad: 💩💩💩💩💩💩💩💩💩💩

Tag:_____ **Uhrzeit:**_____
Letzte Mahlzeiten:_____
Härtegrad: 💩 💩 💩 💩 💩 💩 💩 💩 💩 💩

Tag:_____ Uhrzeit:_____
Letzte Mahlzeiten:_____
Härtegrad: 💩💩💩💩💩💩💩💩💩💩

Tag:_____ **Uhrzeit:**_____
Letzte Mahlzeiten:_____
Härtegrad: 💩💩💩💩💩💩💩💩💩💩

Tag:_____ **Uhrzeit:**_____

Letzte Mahlzeiten:_____

Härtegrad: 💩💩💩💩💩💩💩💩💩💩

Tag:_____ **Uhrzeit:**_____
Letzte Mahlzeiten:_____
Härtegrad: 💩 💩 💩 💩 💩 💩 💩 💩 💩 💩

Tag: _____ **Uhrzeit:** _____

Letzte Mahlzeiten: _____

Härtegrad: 💩💩💩💩💩💩💩💩💩💩

Tag:_____ **Uhrzeit:**_____
Letzte Mahlzeiten:_____
Härtegrad: 💩💩💩💩💩💩💩💩💩💩

Tag: _____ **Uhrzeit:** _____
Letzte Mahlzeiten: _____
Härtegrad: 💩💩💩💩💩💩💩💩💩💩

Tag:_____ **Uhrzeit:**_____
Letzte Mahlzeiten:_____
Härtegrad: 💩💩💩💩💩💩💩💩💩💩

Tag:_____ **Uhrzeit:**_____

Letzte Mahlzeiten:_____

Härtegrad: 💩💩💩💩💩💩💩💩💩💩

Tag:_____ **Uhrzeit:**_____
Letzte Mahlzeiten:_____
Härtegrad: 💩💩💩💩💩💩💩💩💩💩

Tag:_____ Uhrzeit:_____
Letzte Mahlzeiten:_____
Härtegrad: 💩💩💩💩💩💩💩💩💩💩

Tag:_____ **Uhrzeit:**_____
Letzte Mahlzeiten:_____
Härtegrad: 💩💩💩💩💩💩💩💩💩💩

Tag:_____ **Uhrzeit:**_____

Letzte Mahlzeiten:_____

Härtegrad: 💩💩💩💩💩💩💩💩💩💩

Tag: _____ **Uhrzeit:** _____
Letzte Mahlzeiten: _____
Härtegrad: 💩 💩 💩 💩 💩 💩 💩 💩 💩 💩

Tag:_____ Uhrzeit:_____
Letzte Mahlzeiten:_____
Härtegrad: 💩💩💩💩💩💩💩💩💩💩

Tag:_____ **Uhrzeit:**_____
Letzte Mahlzeiten:_____
Härtegrad: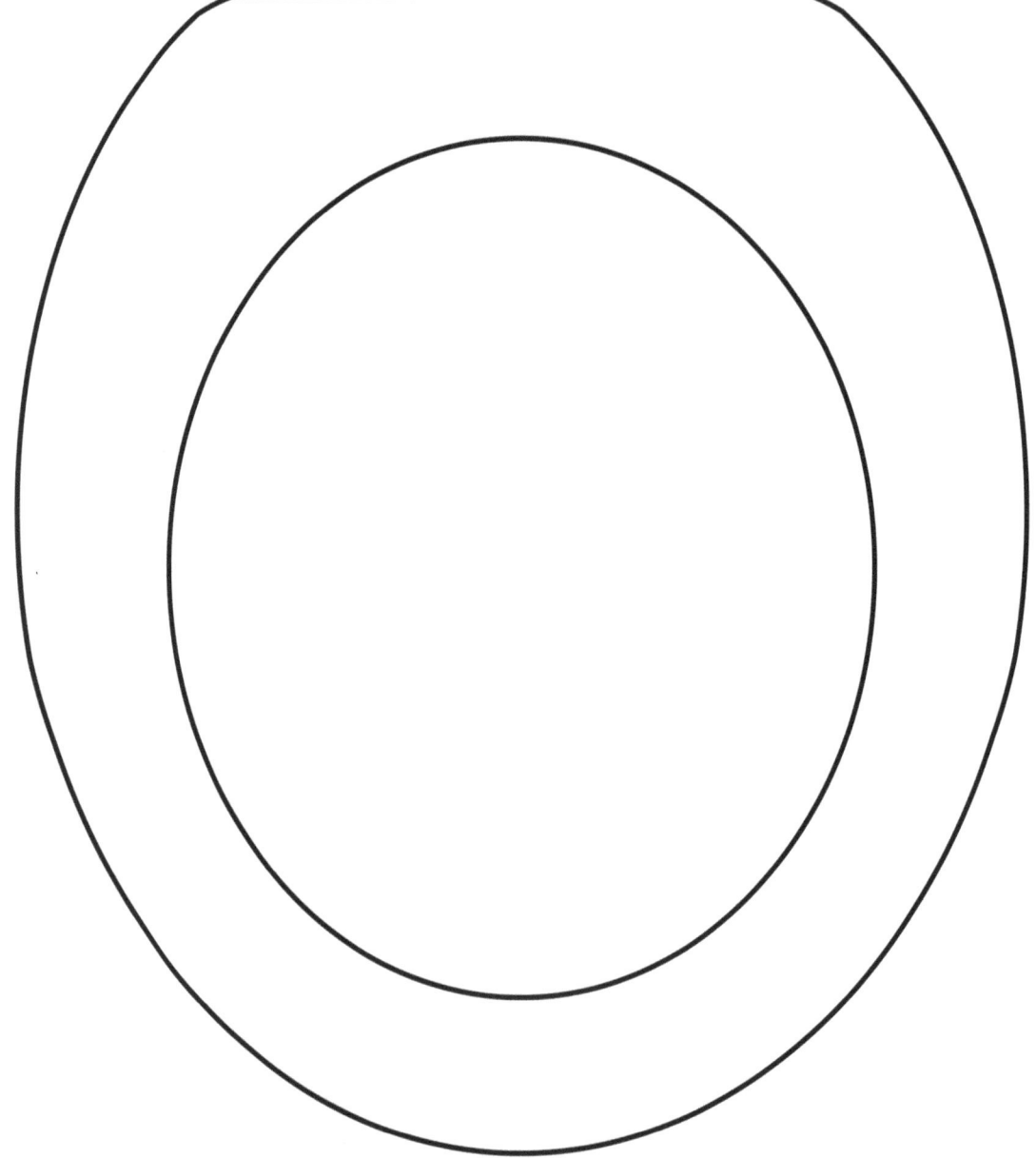

Tag:_____ **Uhrzeit:**_____
Letzte Mahlzeiten:_____
Härtegrad: 💩💩💩💩💩💩💩💩💩💩

Tag: _____ **Uhrzeit:** _____
Letzte Mahlzeiten: _____
Härtegrad: 💩💩💩💩💩💩💩💩💩💩

Tag:_____ **Uhrzeit:**_____
Letzte Mahlzeiten:_____
Härtegrad: 💩💩💩💩💩💩💩💩💩💩

Tag:_____ **Uhrzeit:**_____
Letzte Mahlzeiten:_____
Härtegrad: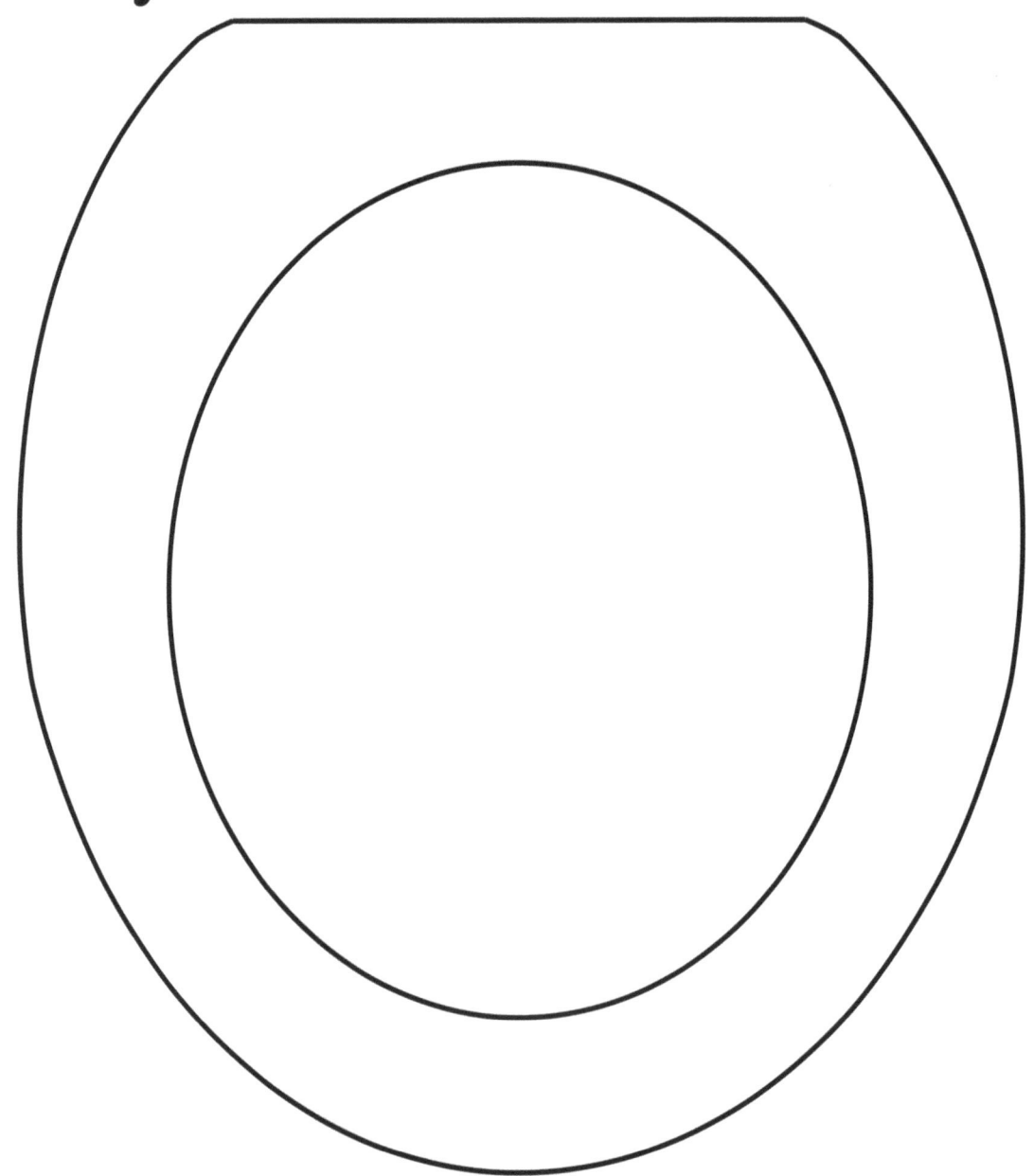

Tag:_____ Uhrzeit:_____
Letzte Mahlzeiten:_____
Härtegrad: 💩 💩 💩 💩 💩 💩 💩 💩 💩 💩

Tag: _____ **Uhrzeit:** _____

Letzte Mahlzeiten: _____

Härtegrad: 💩💩💩💩💩💩💩💩💩💩

Tag:_____ Uhrzeit:_____
Letzte Mahlzeiten:_____
Härtegrad: 💩💩💩💩💩💩💩💩💩💩

Tag:_____ **Uhrzeit:**_____
Letzte Mahlzeiten:_____
Härtegrad: 💩💩💩💩💩💩💩💩💩💩

Tag:_____ **Uhrzeit:**_____
Letzte Mahlzeiten:_____
Härtegrad: 💩💩💩💩💩💩💩💩💩💩

Tag:_____ **Uhrzeit:**_____
Letzte Mahlzeiten:_____
Härtegrad: 💩💩💩💩💩💩💩💩💩💩

Tag:_____ **Uhrzeit:**_____
Letzte Mahlzeiten:_____
Härtegrad: 💩💩💩💩💩💩💩💩💩💩

Tag: _____ **Uhrzeit:** _____
Letzte Mahlzeiten: _____
Härtegrad: 💩💩💩💩💩💩💩💩💩💩

Tag:_____ **Uhrzeit:**_____
Letzte Mahlzeiten:_____
Härtegrad: 💩💩💩💩💩💩💩💩💩

Tag:_____ **Uhrzeit:**_____
Letzte Mahlzeiten:_____
Härtegrad: 💩💩💩💩💩💩💩💩💩💩

Tag:_____ **Uhrzeit:**_____
Letzte Mahlzeiten:_____
Härtegrad: 💩💩💩💩💩💩💩💩💩💩

Tag:_____ **Uhrzeit:**_____
Letzte Mahlzeiten:_____
Härtegrad: 💩💩💩💩💩💩💩💩💩💩

Tag:_____ **Uhrzeit:**_____
Letzte Mahlzeiten:_____
Härtegrad:

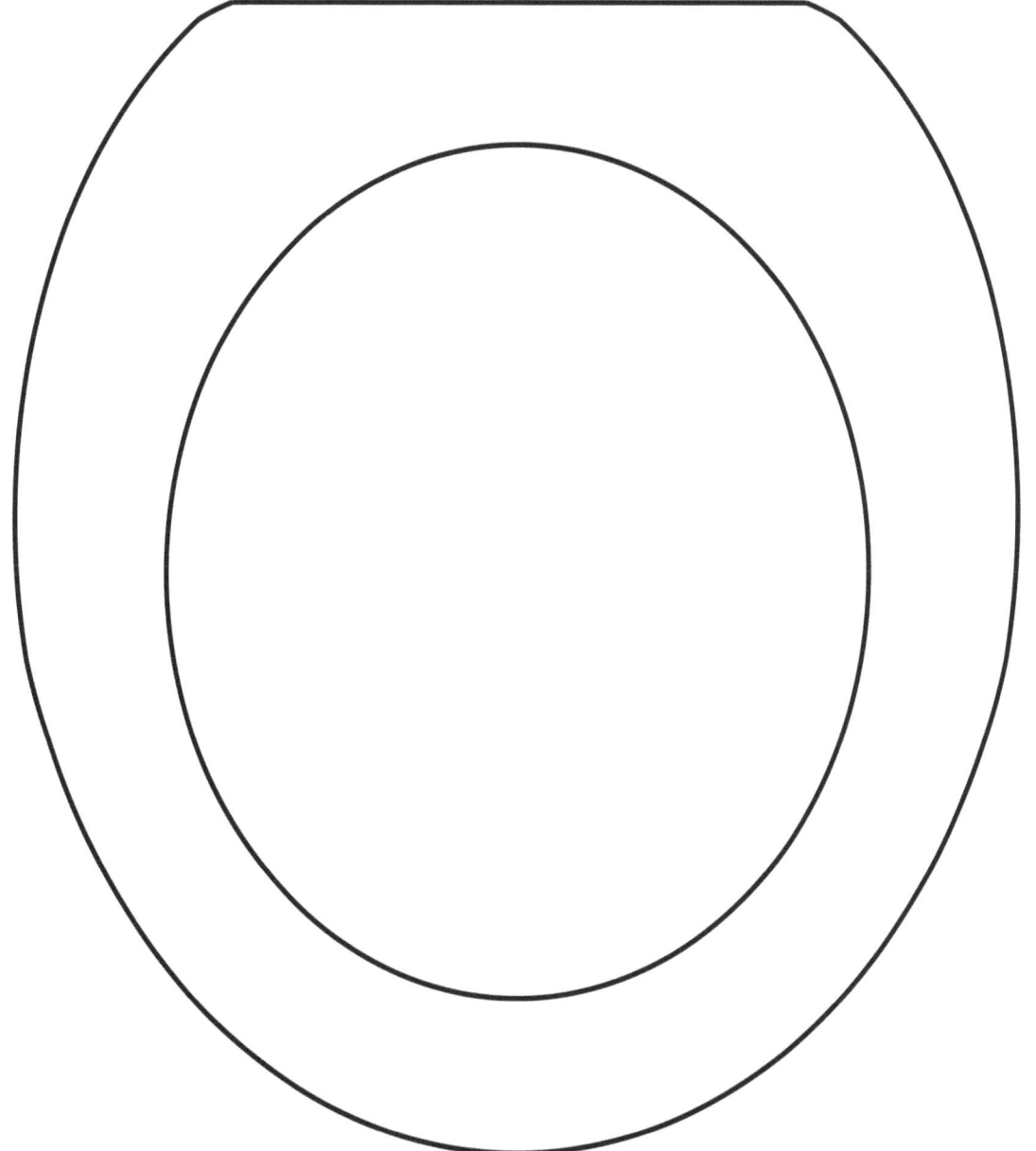

Tag:_____ **Uhrzeit:**_____
Letzte Mahlzeiten:_____
Härtegrad: 💩💩💩💩💩💩💩💩💩💩

Tag:_____ Uhrzeit:_____
Letzte Mahlzeiten:_____
Härtegrad: 💩💩💩💩💩💩💩💩💩💩

Tag:_____ **Uhrzeit:**_____
Letzte Mahlzeiten:_____
Härtegrad: 💩 💩 💩 💩 💩 💩 💩 💩 💩 💩

Tag:_____ Uhrzeit:_____
Letzte Mahlzeiten:_____
Härtegrad: 💩💩💩💩💩💩💩💩💩💩

Tag:_____ **Uhrzeit:**_____
Letzte Mahlzeiten:_____
Härtegrad: 💩💩💩💩💩💩💩💩💩💩